Erwin Graf

Unsere Haut

Lernen an Stationen im Biologieunterricht

Auer Verlag GmbH

Gedruckt auf umweltbewusst gefertigtem, chlorfrei gebleichtem
und alterungsbeständigem Papier.

1. Auflage. 2001
Nach der Neuregelung der deutschen Rechtschreibung

Satz: Fotosatz H. Buck, Kumhausen
Illustrationen: Beatrix Franke, Erfurt
Druck und Bindung: Ludwig Auer GmbH, Donauwörth
ISBN 3-403-03482-8

Inhalt

Hinweise

Unterrichtsziele – Lernziele – Schwerpunkte

Die Haut ist nicht nur unser schwerstes (5 bis 8 kg bei einem Jugendlichen) und flächengrößtes (ca. 2 m^2) Organ, sondern zudem auch ein recht leistungsfähiges Sinnesorgan, dem Schülern in aller Regel weit weniger Augenmerk entgegenbringen als anderen Organen wie zum Beispiel Auge und Ohr. Dennoch: Die Haut spielt bei Jugendlichen (und Erwachsenen) eine große Rolle, sieht man dem Menschen doch gelegentlich buchstäblich „schon an der Nasenspitze" an, ob es ihm gut geht oder nicht. Zarte reine Haut ist für Jugendliche sehr erstrebenswert – und ein Pickel mitten im Gesicht kann bei einer bevorstehenden Party zu einer mittleren Katastrophe werden.

Die Haut erfüllt tagtäglich ohne unser Zutun zahlreiche Aufgaben – scheinbar ganz selbstverständlich und fraglos. In diesem Lernzirkel kommt es darauf an, dass die Jugendlichen die Haut mit „anderen Augen sehen" lernen und die Haut frag-würdig, d.h. des Fragens durchaus wert wird. Zudem sollen die Schüler – gestützt auf das erworbene Wissen – lernen, mit ihrer Haut bewusster und verantwortlicher umzugehen.

Die Lern- und Stoffeinheit „Haut" ist für vieles exemplarisch: für Sinnesorgane, für das Zusammenspiel von Bau und Funktion, für die Schaffung von Bereitschaft zur Gesundheitsvorsorge, für das Übernehmen von Verantwortung etc. Zudem ist die Gegenwart- und Zukunftsrelevanz unstrittig: Der Mensch kann „aus seiner Haut nicht heraus", muss lernen mit seiner Haut zu leben und kann selbst einiges tun, seine Haut gesund zu erhalten.

Die Bearbeitung des Themengebietes Haut in Form eines Lernzirkels ist gut geeignet, dass Jugendliche aller weiterführenden Schularten sich in wichtigen zukunftsorientierten Schlüsselkompetenzen üben können. Nicht allein „Rechnerräume mit Multimedia-Computern" und „Schulen ans Netz" sind das entscheidende, sondern was wir in der Schule heute und morgen brauchen ist eine in sich stimmige Lernlandschaft, in der personale, sozial-kommunikative und handlungspraktische Aspekte den notwendigen Wissenerwerb leistungsorientiert ermöglichen, fordern und fördern.

Der hier vorgelegte Lernzirkel „Haut" ist ein didaktischer Vorschlag. Je nach Schulart, Rahmenbedingungen, Intentionen, Schülerinteressen etc. sollte der hier vorgeschlagene Lernzirkel in didaktischer Verantwortung abgewandelt und entsprechend akzentuiert werden, d.h. es können nicht nur vorgeschlagene Stationen weggelassen oder ersetzt, sondern auch neue (anspruchsvolle Erweiterungs- und Vertiefungs-)Stationen hinzugenommen werden, sofern dies den Lehrenden notwendig und sinnvoll erscheint.

Hinweise für die Lernzirkel-/Stationenarbeit

1. Jede Lernzirkelstation umfasst direkt kopierfähige Vorlagen für die **Lernstationen** sowie **Arbeitsaufgaben** für die Arbeit der Schülerinnen und Schüler, so dass die Vorbereitungsarbeit für die Lehrperson ökonomisch ist.
2. Die Karten für die Lernstationen sollten möglichst auf **buntes Papier** kopiert und laminiert bzw. in eine Prospekthülle gesteckt werden.
3. Die **Arbeitsaufgaben** sollten vor Beginn der Lernzirkelarbeit kopiert werden und bei den betreffenden Stationen in der entsprechenden Stückzahl für die Schüler bereitliegen.
4. Es ist – je nach Arbeitshaltung der Klasse und **Verantwortungsbereitschaft** – mitunter empfehlenswert, einiger Schüler zu bitten, beim Herrichten und Aufräumen der einzelnen Stationen zu helfen.
5. Die Stationenkarten können – zwecks Übersicht und besserer Haltbarkeit – gelocht und in einem **Leitz-Ordner** untergebracht werden, die übrigen Materialien in kleinen (möglichst stapelbaren) Kunststoff-Experimentierkisten.

Zeitbedarf: je nach Anzahl der verbindlichen Stationen, Leistungsbereitschaft und Lernfähigkeit der Schülergruppe, Form der Ergebnissicherung, Art und Weise der Lernkontrolle etc. ca. 5 bis 10 Unterrichtsstunden; sollen alle Pflicht- und Wahlstationen von allen Schülergruppen bearbeitet werden, so sind bis zu 15 Unterrichtsstunden einzuplanen, wobei einzelne Aufgaben auch als (arbeitsgleiche, gemischt-arbeitsteilige oder arbeitsteilige) schriftliche vorbereitende Hausaufgaben vergeben werden können.

Literatur zum Lernzirkel „Haut“

/1/ Autorenteam (Hg.): Herder Lexikon der Biologie. Heidelberg/Berlin/Oxford 1994
/2/ Kleinig, H., Sitte, P.: Zellbiologie. Ein Lehrbuch. 3. Aufl., Stuttgart /New York 1996
/3/ Bongers, G. (Hrsg.): Biologie des Menschen. Hannover 1996
/4/ Schmidt, R.F., Thews, G. (Hg.): Physiologie des Menschen. 27. Aufl., Heidelberg/Berlin/New York/Tokyo 1999

... nun viel Freude und Erfolg bei der Arbeit!

Empfehlungen für die Planung und Durchführung des experimentellen Lernzirkels „Unsere Haut“

Bei der Lernzirkelarbeit am Thema „Haut“ kommt es insbesondere darauf an, dass sich die Schüler im **zielorientierten Arbeiten im Team** üben, ihr Wissen über die verschiedenen Aufgaben und den Aufbau der Haut erweitern und sich im **selbstständigen eigenverantwortlichen Lernen** üben können. Auch sollen die Schüler beurteilen lernen, wie jeder seine Haut pflegen und schützen kann, d.h. zu einer veränderten Sichtweise der Haut und entsprechendem gesundheitsbewußtem Handeln angeregt werden.

Durch die Lernzirkelarbeit soll mit Hilfe der einzelnen Stationen der systematische Aufbau von Wissen im Schüler im Sinne des **Konstruktivismus** lerntheoretisch gezielt gefördert werden, d. h. mit Hilfe der verschiedenen Lernstationen sollen im Sinne der inneren Differenzierung die einzelnen Schüler mit ihren unterschiedlichen Lernvoraussetzungen und Lernerfahrungen in ihrer Fach-, Sozial-, Methoden-, Selbst- und Medienkompetenz bestmöglich gefördert und gefordert, d. h. in ihrer **Handlungskompetenz** vorangebracht werden.

Um den **Lernfortschritt** der verschiedenen Schüler während der Lernzirkelarbeit feststellen zu können, erscheint dem Verfasser aufgrund der eigenen unterrichtlichen Erfahrungen mit Lernzirkeln folgende Vorgehensweise sinnvoll: Vor Beginn der Arbeit am Lernzirkel erhalten die Schüler einen **Vortest** (s. Vorlage Seite 9), den sie in Einzelarbeit bearbeiten sollen und mit dessen Hilfe sie ihr Vorwissen zum Thema feststellen können. Der Test verbleibt bei dem jeweiligen Schüler und wird nicht korrigiert. Am Ende der Lernzirkelarbeit erhalten die Schüler den zum Vortest inhaltsgleichen **Nachtest** (s. Vorlage Seite 10) zur Bearbeitung. Den bearbeiteten Nachtest können die Schüler ggf. selbst korrigieren, sofern den Schülern ein Lösungsblatt mit dem Erwartungshorizont für die verschiedenen Aufgaben zur Verfügung gestellt oder im Unterrichtsraum zur Einsichtnahme ausgelegt wird.

Zu Beginn des Lernzirkels ist mit der Klasse zu klären, in welchen sozialen Gruppierungen gearbeitet werden kann bzw. soll (z. B. in Partnerarbeit mit einem selbst gewählten Mitschüler), wie viele Stationen bzw. welche der Stationen sog. **„Pflichtstationen“** bzw. fakultative **„Wahlstationen“** sind, wie viel Unterrichtszeit (Unterrichtsstunden) insgesamt zur Verfügung steht und wie die Fixierung bzw. **Protokollierung** der erarbeiteten Ergebnise bei den vierschiedenen Stationen durch die Schüler erfolgen soll. Ferner sollten die Schüler vor Beginn der eigentlichen Stationenarbeit einen orientierenden Überblick über die Themenbereiche der einzelnen Stationen (S. 7) so frühzeitig erhalten, damit ggf. den Interessen der Schüler Rechnung getragen werden kann.

Während der eigentlichen Lernzirkelarbeit, die sich über einen Zeitraum von bis zu zehn Unterrichtsstunden erstrecken kann, kommt dem Lehrer die Aufgabe des Beobachters, Beraters, Moderators und Anregers zu, denn schließlich sollen die Schüler möglichst selbstständig die zu bearbeitenden Probleme lösen lernen.

Am Ende der Arbeit an den Lernstationen sollte auf eine **Ergebnissicherung** und Vergewisserung über die Ergebnisse an den einzelnen Stationen nicht verzichtet werden. Hierzu bieten sich verschiedene Möglichkeiten an, von denen einige im folgenden genannt sind:

- jeweils eine Schülergruppe stellt eine Lernstation mit ihren Ergebnissen der Klasse vor
- jede Lernstation wird mit ihren Ergebnissen im Klassengespräch besprochen und die Ergebnisse der einzelnen Stationen werden schriftlich festgehalten, z. B. an der Wandtafel sowie im Schülerheft
- der Erwartungshorizont für jede Station liegt offen aus, sodass die Schüler ihre Ergebnisse mit der Modelllösung vergleichen und die eigene Lösung ggf. korrigieren und komplettieren können.

Übersicht über die Stationen

Pflichtstationen

Station 1: Bedeutung und Aufgaben der Haut

Station 2: Aufbau der Haut des Menschen

Station 3: „Haut“ ist nicht gleich „Haut“: Haut und Haar

Station 4: Herstellung eines reinigenden Gesichtswassers

Station 5: Haut – Sonne – Sonnenschutz

Station 6: Temperaturempfindung und der 3-Schalen-Versuch

Station 7: Tast- und Druckempfindlichkeit der Haut

Station 8: Kann die Haut auch bei Zimmertemperatur „schwitzen“?

Station 9: Unreine Haut – Mitesser – Akne

Station 10: Hautpilzerkrankungen

Wahlstationen

Station A: Hautausschläge und Hautgeschwülste

Station B: Fingerabdrücke als Steckbrief eines Menschen

Station C: Wärmeregulation über die Haut

Station D: Blindenschrift

Station E: Wärmebilder der Haut

Station F: Wenn die „Haut brennt“ – Allergien und Haut

Station G: Rezeptur für eine Hautpflegecreme

Laufzettel für die Stationen „Unsere Haut“

Verbindlich sind folgende Stationen: ______________________

____

____

____

Lern-/Arbeitsprotokoll

Datum							
Arbeitszeit in Minuten							
bearbeitete Pflicht-/ Wahlstation(en)							
Einschätzung der Effektivität der Einzel-/ Partner-/ Gruppenarbeit; Schwierigkeitsgrad der Station etc.							

Hinweise:

1. Arbeitet in Paaren oder Kleingruppen zusammen.
2. Geht mit den Materialien schonend um.
3. Holt euch zu Beginn der Lernzirkelarbeit die Materialien; bringt die Materialien am Ende wieder zurück an ihren Platz.
4. Arbeitet die Stationenaufgaben sorgfältig und zügig durch. Bei Versuchen bitte vorsichtig und rücksichtsvoll arbeiten!
5. Notiert (protokolliert) eure Beobachtungen und Ergebnisse übersichtlich und vollständig auf die Kopiervorlage der betreffenden Stationen bzw. ins Biologieheft oder den Biologieordner.
6. Versucht die auftretenden Fragen zunächst in der Kleingruppe allein zu lösen. Kommt ihr bei bestimmten Aufgaben nicht weiter, so wendet euch an die Lehrperson.
7. Füllt das obige „Lernprotokoll“ kontinuierlich aus, sodass ihr einen Überblick habt über die bereits bearbeiteten Stationen.

… und nun viel **Freude und Erfolg** bei der Arbeit!

Name: Arbeitsgr.: Klasse: Datum:

Vortest „Unsere Haut“

Name: ______________________ Klasse: ______ Datum: __________

Beantworte die folgenden Fragen kurz und bündig! **Zeitbedarf: 15 Minuten**

1. Beschrifte den nebenstehenden „Schnitt durch die Haut“ (Schema). (2 P.)

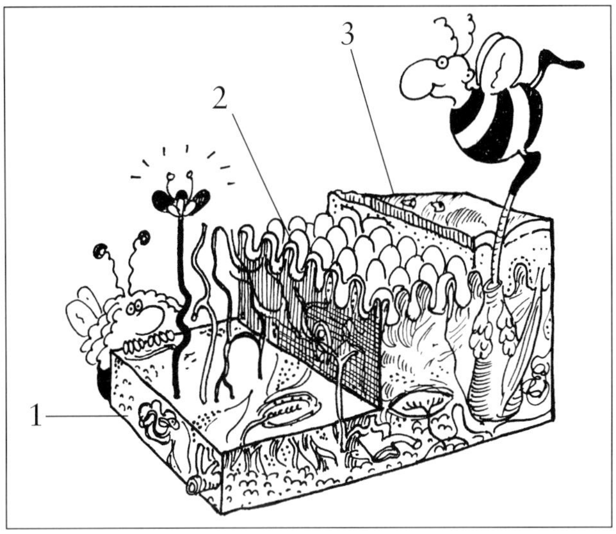

2. Zähle sechs Aufgaben der menschlichen Haut auf. (3 P.)

3. Beim Laufen (zum Beispiel in neuen Schuhen) hattest du möglicherweise schon einmal eine „Blase“, sodass du eine hauchdünne Hautschicht erkennen konntest. Wie heißt diese dünne Hautschicht? (2 P.)

4. Welche Bedeutung/Vorteile hat es für uns, dass unsere Haut braun werden kann? (2 P.)

5. Erläutere, was die Packungsaufschrift „Lichtschutzfaktor 18“ bedeutet. (2 P.)

6. Durch welche Merkmale sind Albinos gekennzeichnet? Nenne mindestens drei Merkmale. (2 P.)

7. Nimm Stellung zu folgender Aussage: „Mit unserer Haut können wir wie mit einem Thermometer die Temperatur der Umwelt (z. B. von Luft oder Wasser) genau messen. Die Haut arbeitet also wie ein technisches Messinstrument.“ (2 P.)

8. Welche Bedeutung hat das Schwitzen für uns Menschen? Erläutere. (3 P.)

9. Nenne mindestens drei Faktoren, damit eine Hautpilzerkrankung entstehen kann. (3 P.)

Nachtest „Unsere Haut“

Name: ______________________________
Klasse: _____
Datum: __________

maximal erreichbare Punktzahl: 20
erreichte Punktzahlen:
– im Eingangstest (Test I): ____
– im Nachtest (Test II): ____

Beantworte die folgenden Fragen kurz und bündig! Zeitbedarf: 15 Minuten

1. Beschrifte den nebenstehenden „Schnitt durch die Haut“ (Schema). Ergänze und beschrifte die fehlenden Teile. (2 P.)

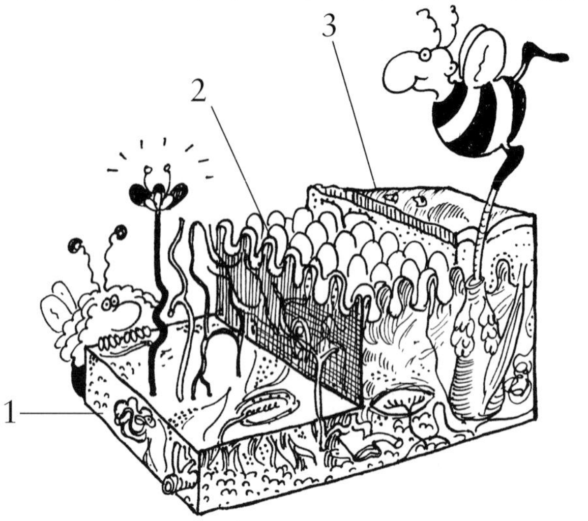

2. Zähle sechs Aufgaben der menschlichen Haut auf. (3 P.)

3. Beim Laufen (zum Beispiel in neuen Schuhen) hattest du möglicherweise schon einmal eine „Blase“, sodass du eine hauchdünne Hautschicht erkennen konntest. Wie heißt diese dünne Hautschicht? (2 P.)

4. Welche Bedeutung/Vorteile hat es für uns, dass unsere Haut braun werden kann? (2 P.)

5. Erläutere, was die Packungsaufschrift „Lichtschutzfaktor 18“ bedeutet. (2 P.)

6. Durch welche Merkmale sind Albinos gekennzeichnet? Nenne mindestens drei Merkmale. (2 P.)

7. Nimm Stellung zu folgender Aussage: „Mit unserer Haut können wir wie mit einem Thermometer die Temperatur der Umwelt (z. B. von Luft oder Wasser) genau messen. Die Haut arbeitet also wie ein technisches Messinstrument.“ (2 P.)

8. Welche Bedeutung hat das Schwitzen für uns Menschen? Erläutere. (3 P.)

9. Nenne mindestens drei Faktoren, damit eine Hautpilzerkrankung entstehen kann. (2 P.)

Station 1: Bedeutung und Aufgaben der Haut

Zielsetzungen:

Die Haut des Menschen ist mehr als eine einfache Hülle! Viele Aufgaben, die die Haut hat und tagtäglich erfüllt, sind uns gar nicht bewusst.
An dieser Lernstation sollst du dir einen ersten orientierenden Überblick über die *vielfältigen Aufgaben der Haut* verschaffen, der dir helfen soll, die Haut „mit anderen Augen“ zu sehen als bisher.

Medien/Material:

Biologiebuch, Lexikon, Blindenalphabet-Vorlage, Kartonblatt mit „Buchstaben in Lochform“, Arbeitsblatt „Bedeutung und Aufgaben der Haut“ (Kopiervorlage)

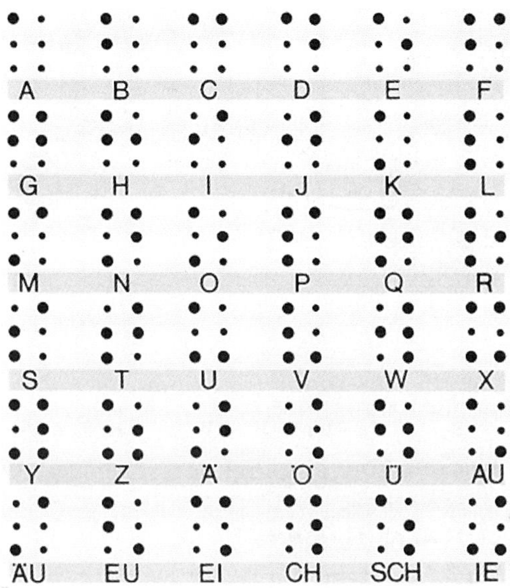

Steckbrief: Haut – größtes Organ des Menschen

Fläche: ca. 2 m^2
Dicke: 7 – 9 mm
Gewicht: ca. 10 kg
Aufgaben:
- Kontakt zur Außenwelt
- Abschirmung/Schutz des Körpers
- wichtig für die Regulation der Körpertemperatur
- Speicherorgan für Fett u.a.m.

Name: Klasse: Datum:

Arbeitsblatt für Lernstation 1: Bedeutung und Aufgaben der Haut

Name: ______________________________ Klasse: ______ Datum: __________

Aufgaben:

1. Vervollständige den folgenden kurzen Lückentext und fülle die Tabelle aus. Benutze zur Bearbeitung die auf der Stationenkarte angegebenen Medien/Materialien.

Die Haut ist unser größtes __________ und übernimmt zahlreiche Aufgaben, ohne dass wir uns darüber stets bewusst sind. Als „Grenze zwischen zwei Welten" grenzt die Haut nicht nur unseren Körper nach außen ab, sondern stellt auch eine wichtige Kontaktzone zur ____________ dar.

Fülle nun die folgende Tabelle aus.

Aufgaben/Funktionen

Schutzfunktionen
– Schutz vor ________________________________
– Schutz vor ________________________________
– Schutz vor ________________________________

Sinnesorgan (Reizaufnahme)
– spricht an auf ________________________________
– spricht an auf ________________________________
– spricht an auf ________________________________
– spricht an auf ________________________________
– spricht an auf ________________________________

Regulationsfunktion – hilft bei der Regulation

Ausscheidungsfunktion – Ausscheidung von __________________ und ______________________

Aufnahmefunktion (Resorption) – Aufnahme von ______________________

Synthesefunktion (Stoffaufbau) – Synthese von ______________________

Sonstige (Auffälliges, Interessantes usw.): ________________________________

____

2. „Taste" verschiedene kleine Gegenstände (z.B. Schlüssel, Radiergummi), die dir deine Partnerin/dein Partner gibt, mit beiden Händen wie folgt ab und schließe dabei die Augen, sodass du den Gegenstand vorher nicht siehst:
a) mit beiden Handflächen gleichzeitig – Beobachtungen:
b) mit beiden Handrücken gleichzeitig – Beobachtungen:
c) mit den Fingerkuppen beider Hände – Beobachtungen:
Was kannst du aus den Versuchergebnissen schließen?

3. Ertaste einen kurzen Text in Blindenschrift mit den Fingerkuppen oder entziffere den Text mithilfe des ausliegenden Blindenschrift-Alphabets.

Station 2: Aufbau der menschlichen Haut

Zielsetzungen:

An dieser Station soll der Aufbau der Haut bearbeitet werden. Dazu ist es notwendig, sich die verschiedenen **Schichten** der Haut genauer anzusehen. Zur Lernsicherung und -kontrolle soll ein **Arbeitsblatt** zum Aufbau der Haut bearbeitet werden.

Medien/Material:

Biologie-Schulbuch, Demonstrationsmodell „Haut“ aus der Biologiesammlung, Lupe oder Binokular, Arbeitsblatt „Aufbau der Haut“ (Kopiervorlage), Stempelkissen mit blauer oder schwarzer Tinte

Aufgaben der Haut:

- Schutz gegen Verletzungen, gegen Austrocknung, gegen Strahlung, gegen Eindringen von Wasser
- Schutz gegen Strahlung und Krankheitserreger
- Stätte starker Immunreaktionen
- Speicherung von Blut und Fett
- Ausscheidung von Wasser und Salzen
- Regulierung der Temperatur des Körpers
- Synthese von Hautfarbstoffen (Hautpigmenten)

Oberhaut im Querschnitt (vereinfacht)

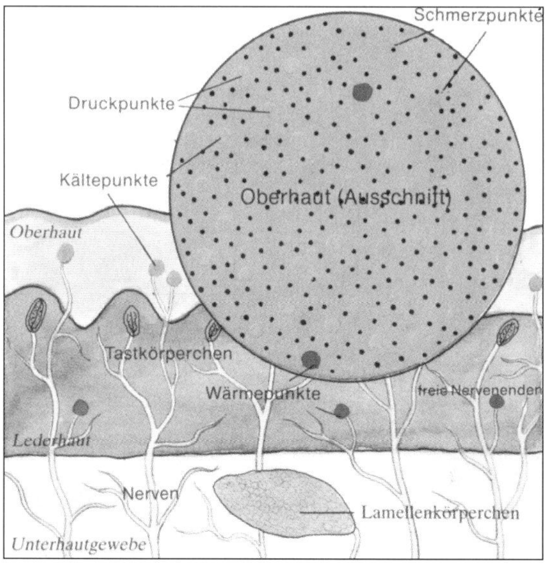

Name: Klasse: Datum:

Arbeitsblatt für Lernstation 2: Aufbau der menschlichen Haut

Name: ______________________ Klasse: ______ Datum: __________

Aufgaben:

1. Vervollständige folgenden Steckbrief zur Haut eines Jugendlichen oder Erwachsenen:

Gewicht: ______________________
Dicke (durchschnittlich): ______________________
dickste Hautstelle am Körper: ______________________
dünnste Hautstelle am Körper: ______________________
Eigenschaften der Haut: ______________________
Hautoberfläche (Aussehen): ______________________
______________: ______________________
______________: ______________________

2. Welches sind die Fachbegriffe für die drei Hauptschichten der Haut?

oberste Schicht: ______________; Dicke bei einem Jugendlichen: ca. ________
mittlere Schicht: ______________; Dicke bei einem Jugendlichen: ca. ________
untere Schicht: ______________; Dicke bei einem Jugendlichen: ca. ________

3. Ordne mithilfe der Abbildung den Begriffen die richtigen Ziffern zu!

○ Haarmuskel ________
○ Schweißdrüse ________
○ freie Nervenendigungen ________
○ Haar ________
○ Hornschicht ________
○ Pigment ________
○ Talgdrüse ________
○ Tastkörperchen ________
○ Wärmekörperchen ________
○ Lamellenkörperchen ________
○ Kältekörperchen ________
○ Schweißpore ________
○ Keimschicht ________

Arbeitsblatt für Lernstation 2

4. Mache Fingerabdrücke (z.B. beide Daumen nebeneinander, Stempelkissen benutzen) und beschrifte die vier Abdruckflächen. Was kannst du den Fingerabdruck-Bildern entnehmen? Vergleiche deine Fingerabdrücke mit denen deiner Klassenkameraden.

Erkenntnis/Folgerungen: ____

____

____

5. An welchen Stellen ist unsere Haut besonders dick, an welchen besonders dünn? Welche Bedeutung könnte das für uns haben? Welcher Schutz ist nötig?

6. Wenn du schon einmal (z.B. beim Laufen in neuen Schuhen) eine „Blase“ hattest, so konntest du eine bestimmte hauchdünne Hautschicht erkennen.
Wie heißt diese?

____

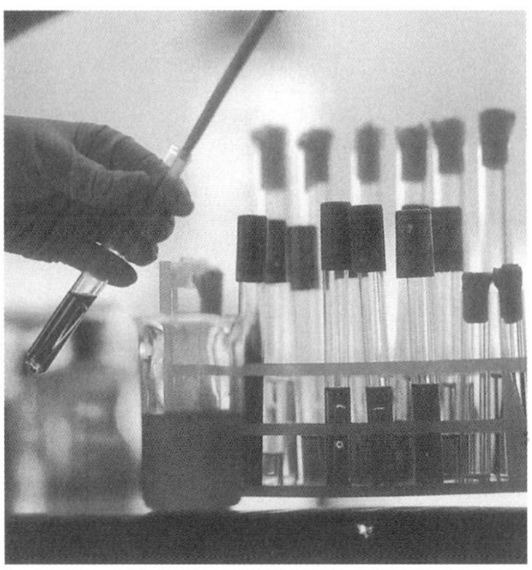

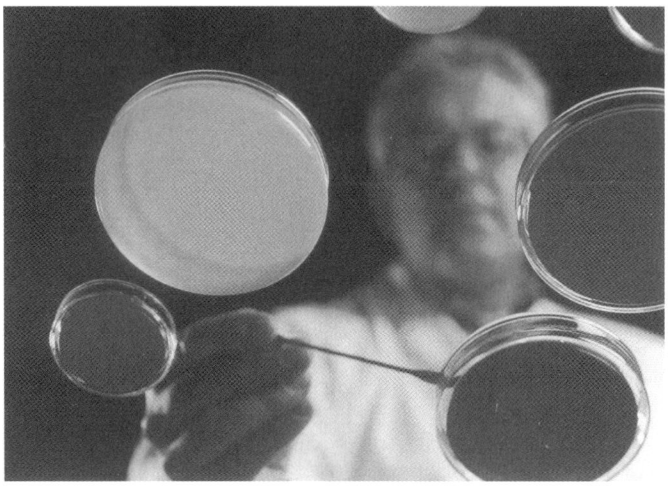

Name: Klasse: Datum:

Station 3: Haut und Haar

Zielsetzungen:

Jeder Mensch hat eine andere Haut – und niemand kann aus seiner Haut heraus; demnach sind auch die Eigenschaften der Haut verschieden. An dieser Station könnt ihr einiges darüber erfahren und lernt auch, weshalb der eine Mensch von Natur aus glatte und ein anderer lockige Haare hat.

Medien/Material:

Schulbücher, biologische und medizinische Fachbücher, Internet

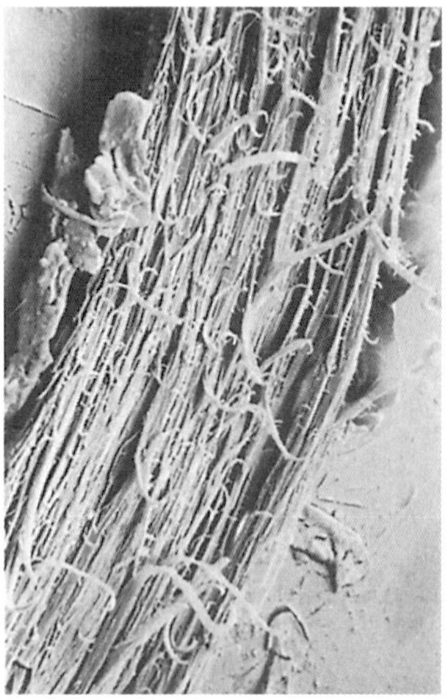

Name: Klasse: Datum:

Arbeitsblatt für Lernstation 3: Haut und Haar

Name: ______________________ Klasse: ______ Datum: __________

Aufgaben:

1. Durch welche Hautschicht werden die Haare gebildet? Betrachte hierzu nebenstehende Abbildung und beschrifte diese.

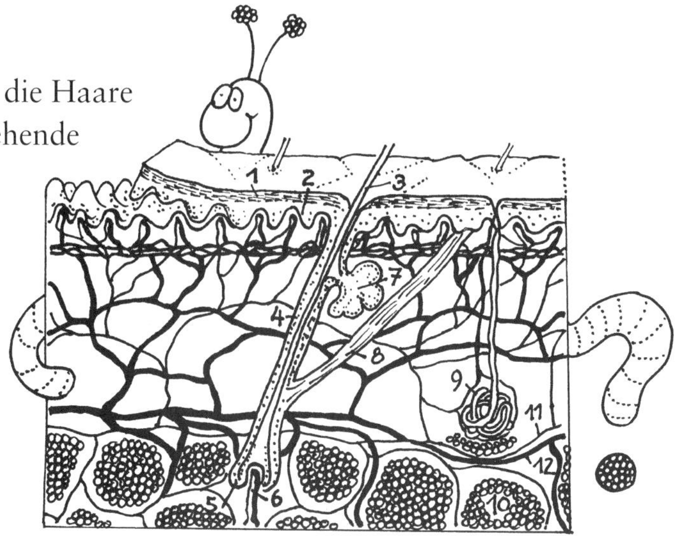

① ______________________
② ______________________
③ ______________________
④ ______________________
⑤ ______________________
⑥ ______________________
⑦ ______________________
⑧ ______________________
⑨ ______________________
⑩ ______________________
⑪ ______________________
⑫ ______________________

2. Ergänze folgenden Lückentext.

„Unsere Haare entstehen am Grunde einer _____ bis _____ mm tiefen Einsenkung der _______-haut, dem sog. Haar-________. Die ________-zwiebel sitzt auf der stark durchbluteten Haar-_________. Täglich wächst ein Haar um ca. _____ mm. Nach einiger Zeit hört das Haar auf zu wachsen und fällt aus. Die Dichte der Haare am Kopf liegt bei ca. ____/cm²; am Unterarm findet man ca. _____ Haare pro cm².

An jedem Haar-__________ setzt ein Muskel an; bei Zorn, Ehrfurcht und Kälte zieht sich dieser Muskel unwillentlich zusammen, d.h., das Haar _____________. Rothaarige Menschen haben bis zu ___________ Kopfhaare, blonde Menschen bis zu ___________ und schwarzhaarige bis zu ___________ Kopfhaare. Je nach natürlicher Haarfarbe sind in die Haare unterschiedliche ______________ eingelagert. Will man seine Haare beispielsweise von Schwarz auf Hennarot umfärben, so müssen die Haare zunächst ______________________ werden.

Dieses Entfärben erreicht man beispielsweise mit dem Oxidationsmittel _________ _________ (Formel: ________); dieser Stoff bewirkt, dass ______________________ ____________________________________.

Ein Haar besteht aus zahlreichen Horn-_______________, die ein Haar (den sog. Haarschaft) der Länge nach durchziehen. An den Spitzen langer Haare kann man dies gelegentlich gut erkennen: Die Haare „spalten sich". Außen bilden die Haare _____________, die sich von unten nach oben „überlappen" und das Haarinnere _____________."

Arbeitsblatt für Lernstation 3: Haut und Haar

Name: ______________________ Klasse: ______ Datum: __________

3. Jedes Haar trägt etwa 200 Gramm.
   Berechne, ob die Kopfhaare eines Menschen zwei Menschen tragen können – oder ob ein Trick im Spiel sein muss.
   Hinweis: Anzahl der Haare ca. 90.000 bei Rothaarigen, bis 150.000 bei Menschen mit blonden Haaren.

4. Bei Menschen unterschiedlicher Rassen sind Haut und Haare mitunter sehr verschieden. Vergleiche die beiden untenstehenden Abbildungen und erläutere daran Gemeinsamkeiten und Unterschiede der Haut eines Weißen und der eines Schwarzen.
   Halte die Ergebnisse (Gemeinsamkeiten und Unterschiede) in einer Tabelle übersichtlich fest.

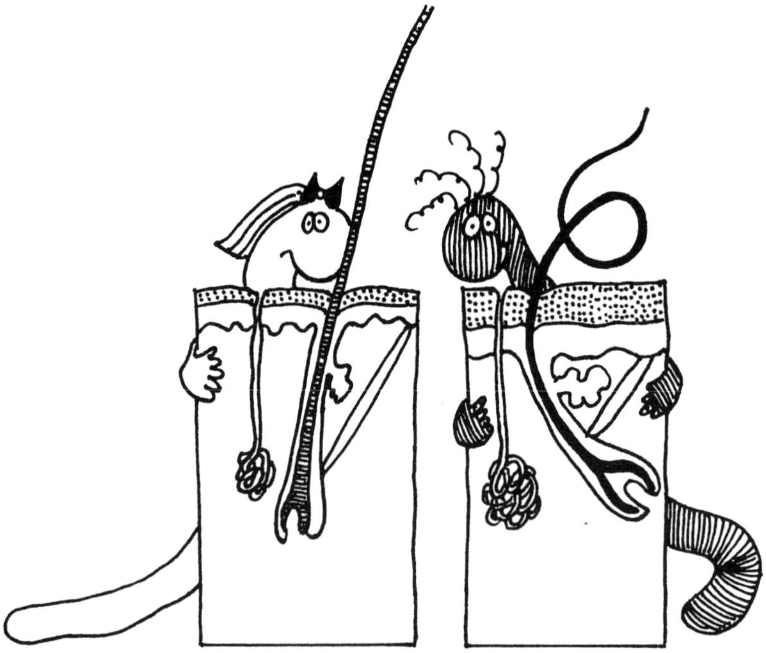

Ergebnisse (Gestalte selbst eine Tabelle):

Station 4: Herstellung eines reinigenden Gesichtswassers

Zielsetzungen:

Jede Haut braucht Pflege – auch die Haut eines Jugendlichen. Dazu reicht es meist nicht, die Haut täglich mit lauwarmem Wasser zu waschen oder täglich zu duschen. Eine schöne Haut ist nicht nur angenehm, sondern macht auch selbstsicherer. Wie wär's damit?! Ein mildes Gesichtswasser kann dabei sehr hilfreich sein.

Medien/Material:

- Kochplatte
- kleiner Kochtopf (1 l), Kaffeelöffel
- dunkle Flasche aus Glas mit Schraubverschluss (100 ml)
- Bechergläser (100 ml)
- Messzylinder (100 ml)
- Bienenhonig
- aus Apotheke oder Drogerie:
  70 %igen Alkohol, Rosenwasser, Orangenblütenwasser, Melissenöl

Durchführung:

Gib etwa 500 ml Trinkwasser in den Kochtopf und bringe es zum Kochen. Stelle dann die Kochplatte ab. Vermische nun je 20 ml Rosenwasser und Orangenwasser im Becherglas 1; gib ½ Teelöffel Honig hinzu und rühre um, sodass sich der Honig auflöst. Halte das Becherglas hierzu in das Warmwasserbad (Kochtopf mit heißem Wasser) und rühre mit dem Teelöffel um.
Gib nun in das zweite Becherglas 20 ml Alkohol und zwei Tropfen Melissenöl. Schütte nun die Alkohol-Melissenöl-Mischung in Becherglas 1, rühre kurz um und fülle dann die Gesamtmischung in die dunkle Glasflasche.
Bewahre das Gesichtswasser kühl auf. Innerhalb von drei Wochen sollte es aufgebracht sein, da es keine Konservierungsstoffe enthält.

Name: Klasse: Datum:

Arbeitsblatt für Lernstation 4: Herstellung eines reinigenden Gesichtswassers

Name: ______________________ Klasse: ______ Datum: __________

Aufgaben:

1. Befeuchte einen kleinen Wattebausch mit der Mischung und tupfe eine Hautstelle im Gesicht (z. B. Kinn, Stirn) damit ab. Was kannst du feststellen?

   ____

   ____

2. Erkläre, warum es für die Gesunderhaltung der Haut notwendig ist, diese regelmäßig und gründlich zu reinigen.

   ____

   ____

3. Welche Bedeutung haben die verschiedenen Bestandteile im selbst hergestellten Gesichtswasser?

   Alkohol: ______________________________________

   Rosen- und Orangenwasser: ______________________

   Melissenöl: ___________________________________

4. Begründe, weshalb man ein Gesichtswasser regelmäßig, aber nicht zu häufig und in nicht zu großen Mengen anwenden sollte.

   ____

   ____

5. An den Augen, den Ohren und den Lippen sollte man ein Gesichtswasser nicht anwenden. Warum eigentlich?

   ____

   ____

Station 5: Haut – Sonne – Sonnenschutz

Zielsetzungen:

Eine braune Haut aus dem Sommerurlaub mitzubringen ist für viele Jugendliche und Erwachsene ein erstrebenswertes Ziel – schließlich sollen auch andere sehen, dass man „im Urlaub" war. „Braun sein" wird von vielen Menschen verbunden mit Merkmalen wie „Schönheit", „Gesundheit" und „Erfolg". Deshalb schießen seit einigen Jahren Solarien (Bräunungsstudios) wie Pilze aus dem Boden – braune Haut das ganze Jahr über soll garantiert sein und wird zum Geschäft!

Doch wodurch wird die Haut braun? Welche Risiken sind mit der Hautbräunung verbunden? Wie kann man sich bestmöglich schützen? Diese und weitere Fragen sollen im Mittelpunkt dieser Station stehen.

Medien/Material:

Biologiebücher, Lexika, Bräunungslampe mit Solarbrille und Gebrauchsanleitung, verschiedene Lichtschutzmittel (z. T. mit „Sunblocker")

Atmosphäre
mit
Ozonschicht

UV-C	UV-B	UV-A	sichtbares Licht

Arbeitsblatt für Lernstation 5: Haut – Sonne – Sonnenschutz

1. In welcher Hautschicht entsteht die „Hautbräunung“ (s. nebenstehende Abb.)?

   ____

2. Warum hält eine sommerliche Hautbräunung nur wenige Wochen an?

3. Welche Vorteile hat es für uns, dass unsere Haut braun werden kann?

4. Durch welche Merkmale sind „Albinos“ gekennzeichnet?

5. Die ungeschützte, ungebräunte helle Haut von uns Mitteleuropäern verträgt nur etwa 10 Minuten Sonneneinstrahlung (sog. 10-Minuten-Spanne). Lies die Informationen auf verschiedenen Sonnenschutzmittelpackungen und …
   a) berichte über die Inhaltsstoffe und deren Bedeutung,
   b) erkläre den „Lichtschutzfaktor“,
   c) erläutere die Bedeutung von „Sunblockern“,
   d) verdeutliche, was Lichtschutzfaktorangaben (z. B. 2, 6, 18, 36) bedeuten.

6. Erkläre, warum die Augen und die Lippen vor starker Sonneneinstrahlung (z. B. am Meer oder im Gebirge) besonders geschützt werden müssen.

7. Haut ist nicht gleich Haut, d. h., jeder Mensch hat eine andere, ganz persönliche Haut.
   Inwiefern ist auch die Kenntnis des Hauttyps wichtig für das Sonnenbaden?

Name: Klasse: Datum:

Station 6: Temperaturempfinden

Zielsetzungen:

Die Haut ist unser größtes Sinnesorgan und hat eine Fläche von ca. 2 m². Wie wir die Temperatur über die Haut wahrnehmen können, soll der 3-Schalen-Versuch zeigen.

Medien/Material:

Thermometer, 3 Glas- oder Plastikschalen (Durchmesser ca. 20 bis 30 cm); Schulbücher, Lexika

Durchführung:

Gib in die erste Schale Wasser mit ca. 10 °C, in die zweite mit ca. 25 °C und in die dritte mit ca. 40 °C. In jeder Schale sollte das Wasser etwa 2 bis 3 cm hoch sein.
Halte nun etwa 2 Minuten lang die linke Hand in die erste Schale (10 °C) und die rechte Hand in die dritte Schale (40 °C).
Halte anschließend beide Hände gleichzeitig in die zweite Schale (25 °C).
Notiere deine Beobachtungen:

___

___

Lass eine zweite Versuchsperson den Versuch wiederholen; teile der betreffenden Person aber deine Versuchsempfindungen *nicht* mit, um den Versuchsablauf nicht zu beeinflussen.

___

Name: Klasse: Datum:

Arbeitsblatt für Lernstation 6: Temperaturempfindung

Name: ______________________ Klasse: _____ Datum: _________

Aufgaben:

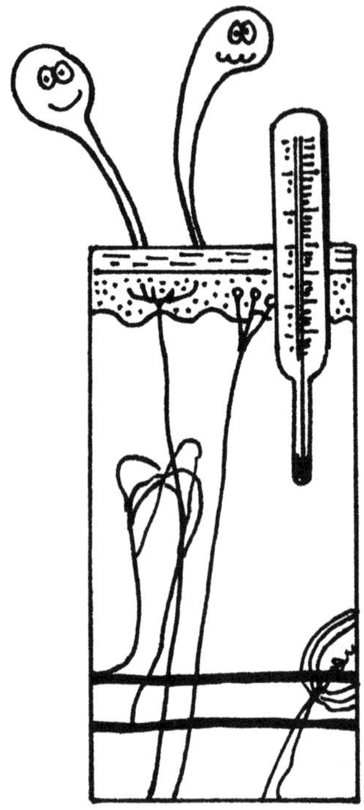

1. Skizziere den 3-Schalen-Versuch Seite von 23 und beschrifte deine Zeichnung.

2. Berichte über deine Temperaturempfindungen beim 3-Schalen-Versuch und vergleiche sie mit den Empfindungen einer anderen Versuchsperson.

3. Welche Schlussfolgerungen sind aus dem Versuch zu ziehen?

4. Nimm zu folgender Aussage Stellung und korrigiere sie gegebenenfalls:
„Mit unserer Haut können wir wie mit einem Thermometer die Temperatur der Umwelt (z.B. von Luft oder Wasser) genau messen. Die Haut arbeitet also wie ein „Messinstrument“, d.h., mit unserer Haut können wir die Temperatur unserer Umwelt absolut (ganz genau) messen und nicht nur ungefähr feststellen.“

5. Schlage in Biologiebüchern oder Lexika nach bzw. nutze das Internet oder andere PC-gestützte Hilfsmittel (z.B. CD-ROM), um herauszufinden, welche Teile der/in der Haut für den „Temperatursinn“ verantwortlich sind.
Berichte.

6. Sehr schwierige Aufgabe – aber reizvoll!
Sicher hast du bereits folgendes „paradoxe Wärmeempfinden“ bemerkt: Duschst du zunächst mit lauwarmem Wasser und stellst dann das Duschwasser immer wärmer, so beginnst du leicht zu frösteln, obgleich das Wasser recht warm ist.
Wie lässt sich das erklären? Lies dazu in Fachbüchern nach bzw. nutze das Internet und berichte über deine „Recherchen“.

Station 7: Tast- und Druckempfindlichkeit der Haut

Zielsetzungen:

Mit der Haut kann man sich im Dunkeln „vorantasten“ und orientieren, aber auch Gegenstände ertasten. Allerdings sind verschiedene Stellen unserer Haut ganz unterschiedlich – oder auch gar nicht – tastempfindlich. An dieser Station kann erforscht werden, wie tastempfindlich verschiedene Hautpartien sind, wo die „simultane Raumschwelle“ gering oder groß ist, und soll erkannt werden, welche biologische Bedeutung dies für uns hat.

Medien/Material:

Stechzirkel oder aufgebogene Büroklammer, Bleistift, Papier, Augenbinde, Lineal mit mm-Einteilung, Schulbücher

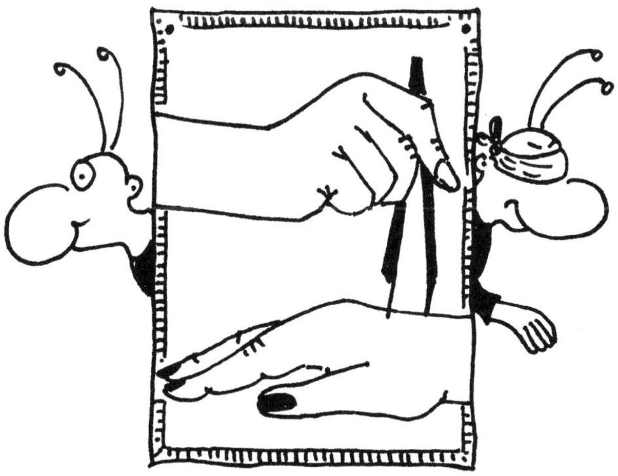

Durchführung:

Verbinde einer Versuchsperson die Augen.
Drücke die beiden Schenkel des Stechzirkels aneinander.
Setze nun die nahe aneinander liegenden Spitzen des Stechzirkels vorsichtig und nur mit leichtem Druck auf den Handrücken der Versuchsperson.
Verändere dann den Abstand der Spitzen auf ca. 1 mm, 5 mm ... 5 cm. Setze die Spitzen jeweils auf die ausgewählte Hautstelle am Handrücken.
Wähle nun andere Hautstellen (z.B. Handfläche, Fingerkuppe, Unterarm, Oberarm, Wange) und führe die Untersuchungen wieder mit wechselndem Abstand der Zirkelspitzen vorsichtig durch.
Sei bitte sehr vorsichtig, damit keine Verletzungen entstehen.

Hinweis: Setze zur Kontrolle der Angaben der Versuchsperson gelegentlich nur eine Zirkelspitze auf und teste die Reaktion der Versuchsperson.

Name: Klasse: Datum:

Arbeitsblatt für Lernstation 7:
Tast- und Druckempfindlichkeit der Haut

Name: ______________________________ Klasse: _____ Datum: __________

Aufgaben:

1. Halte die Versuchsbeobachtungen zur Tast-/Druckempfindlichkeit in einer Tabelle nach folgendem Muster fest:

Untersuchter Hautbereich	Spitzenabstand 1 mm	Spitzenabstand 2 mm	Spitzenabstand 5 mm	Spitzenabstand 10 mm
a) Handrücken				
b) …				
c) …				
d) …				

Hinweis: Die Fähigkeit, zwei Druck- oder Tastreize zwei räumlich getrennten Hautzonen zuordnen zu können, bezeichnet man als „simultane Raumschwelle“.

2. Welche der untersuchten Körperstellen ist am empfindlichsten, welche am wenigsten empfindlich?
   am empfindlichsten: ______________________________
   am wenigsten empfindlich: ______________________________

3. In welchen Körperzonen ist die „simultane Raumschwelle“ sehr klein, wo sehr groß? Welche biologische Bedeutung könnte das haben?

4. Informiere dich in einem Biologiebuch, per Internet oder CD-ROM über die Hautstrukturen, die für die Druck-/Tastempfindlichkeit verantwortlich sind.

5. Ergänze: Je nach Hautstelle findet man beim Menschen pro Quadratzentimeter insgesamt _________ bis _________ Tast- bzw. Druck-_________.

Station 8: Kann die Haut auch bei Zimmertemperatur schwitzen?

Zielsetzungen:

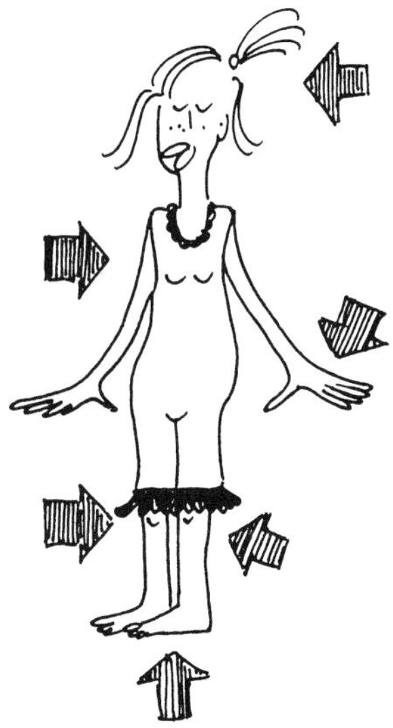

Wir müssen täglich ca. 2 Liter Flüssigkeit aufnehmen, damit unser Körper gesund bleibt. Bei sportlicher Betätigung, z. B. beim Tennis, Joggen oder Fußball, müssen wir wesentlich mehr trinken und so den Durst löschen. Doch durch welche „Kanäle“ verlieren wir Wasser (und auch Salze)? Der folgende Versuch kann ein Stück weiterhelfen und Gewissheit verschaffen.

Medien/Material:

transparente Kunststofftüte ohne Löcher (z. B. Gefriertüte, 1 Liter), Gummiring, Biologiebücher, Lexika

Durchführung:

Stecke eine Hand in die Kunststofftüte und verschließe die Tütenöffnung am Unterarm möglichst dicht mit einem Gummiring. Schnüre den Unterarm aber nicht zu stark ein. Beobachte die Hand und Innenseite des Kunststoffbeutels etwa 5 Minuten lang.

Die Hautoberfläche eines Menschen beträgt ca. 2 m². Im Vergleich entspricht das der Größe einer Tischtennisplatte.

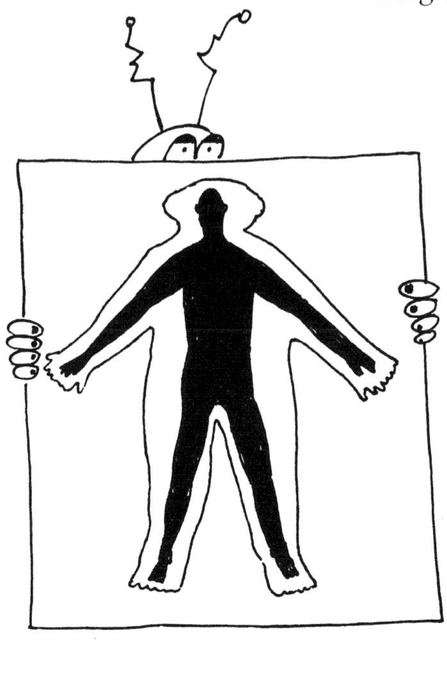

Name: Klasse: Datum:

Arbeitsblatt für Lernstation 8: Kann die Haut auch bei Zimmertemperatur schwitzen?

Name: ______________________________ Klasse: _____ Datum: _________

Aufgaben:

1. Protokolliere deine Beobachtungen nach 1, 2, 3, 4 und 5 Minuten.
   Benutze dazu eine Tabelle.

2. Betrachte nach dem Versuch die „Versuchshand" und vergleiche sie mit der anderen (der „Kontrollhand"). Was fällt dir auf? Berichte.

3. Was kannst du aus den Versuchsbeobachtungen folgern?

4. Welche „Hautstrukturen" sind ursächlich für das Versuchsergebnis verantwortlich? Fertige hiervon eine schematische Hautskizze an und beschrifte.

Skizze:

5. Welche Bedeutung hat die Transpiration bzw. das „Schwitzen" für unseren Körper?

6. Hunde können über ihre Haut nicht schwitzen wie wir Menschen.
   a) Wie ist das zu erklären?
   b) An welchen Körperstellen „schwitzen" die Hunde?

Arbeitsblatt für Lernstation 8: Kann die Haut auch bei Zimmertemperatur schwitzen?

7. Zu Zeiten des berühmten römischen Feldherrn JULIUS CÄSAR war es üblich, dass nach einem gewonnenen Feldzug der Herrscher mit seinen siegreichen Soldaten durch Rom zog und vom Volk bejubelt wurde.
   Häufig wurden Sklaven, die mit ölhaltigen Farben angemalt waren, vor den umjubelten Soldaten hergetrieben. Viele dieser Sklaven starben nach wenigen Stunden auf den Straßen Roms nicht an Vergiftungen bzw. Erstickung, sondern an ????.

   Hinweis: Der an dieser Station durchgeführte Versuch hilft bei der Antwortfindung.

Cäsar, 100 – 44 v. Chr.

8. Blase über deine Haut (z.B. den Handrücken). Was stellst du fest und wie lässt sich das erklären? Berichte.

____

____

____

____

____

____

____

____

____

____

Name: Klasse: Datum:

Station 9: Unreine Haut, Mitesser, Akne

Zielsetzungen:

„Unreine Haut“ und „Mitesser“ findet man bei Jugendlichen während und nach der Pubertät sehr häufig, ja geradezu „ganz normal“. Allerdings machen sie vielen Jugendlichen mitunter schwer zu schaffen und lassen bei manchem eine bevorstehende Party mitunter zu einem wahren Schreckgespenst werden.
An dieser Station sollen die biologisch-psychologischen Grundlagen für unreine Haut erarbeitet und Lösungsmöglichkeiten gefunden werden, um mit diesem Problembereich besser umgehen zu können.

Medien/Material:

Schulbücher, biologische und medizinische Fachliteratur, Beipackzettel von „Akne-medikamenten“

Name: Klasse: Datum:

Arbeitsblatt für Lernstation 9: Unreine Haut, Mitesser, Akne

Name: ______________________ Klasse: ______ Datum: __________

Aufgaben:

1. Wo und wie entsteht ein Mitesser? Erläutere.
2. Wo und wie kann sich ein eitriger Pickel auf der Haut entwickeln?
3. Informiere dich und beschreibe das Krankheitsbild „Akne“; verwende dabei Begriffe wie „Bakterien“, „Talg“, „Haarwurzel“ etc.
4. Informiere dich über prophylaktische (vorbeugende) Möglichkeiten, sich als Jugendliche/r eine möglichst reine Haut zu erhalten.
   Notiere die Ergebnisse.
5. Aknepickel, auch entzündliche Pickel genannt, sollte man auf keinen Fall ausdrücken, sondern ... .
   Was würdest du empfehlen?
   Nenne mindestens drei Möglichkeiten und begründe sie.

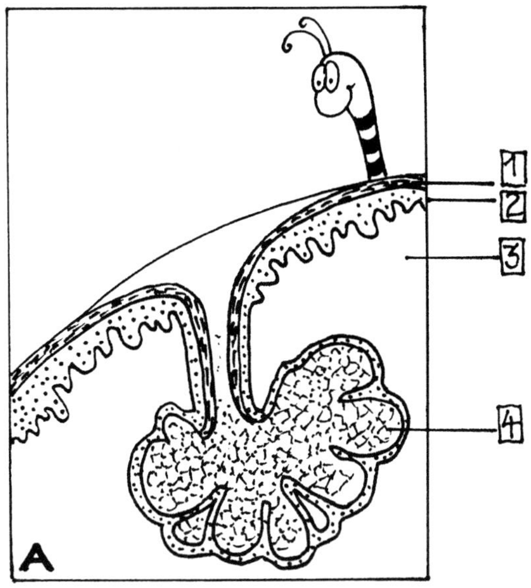

Talgdrüse – normaler Zustand

Talgdrüse – verstopft

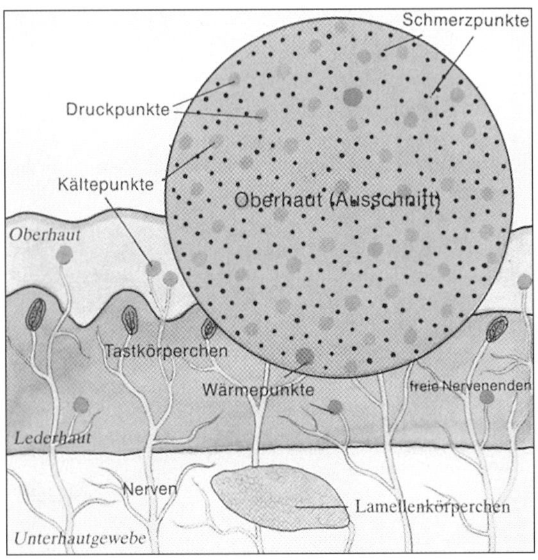

Oberhaut im Querschnitt (vereinfacht)

Station 10: Hautpilzerkrankungen

Zielsetzungen:

Jeder kann von meist recht hartnäckigen Hautpilzerkrankungen betroffen werden. Doch welches sind die Ursachen und was kann man dagegen tun? Diese und weitere Fragen sollen an dieser Station bearbeitet werden.

Medien/Material:

Biologiebücher, biologische und medizinische Fachliteratur, Lexika, Beipackzettel von „Hautpilzmedikamenten", PC mit Internetzugang

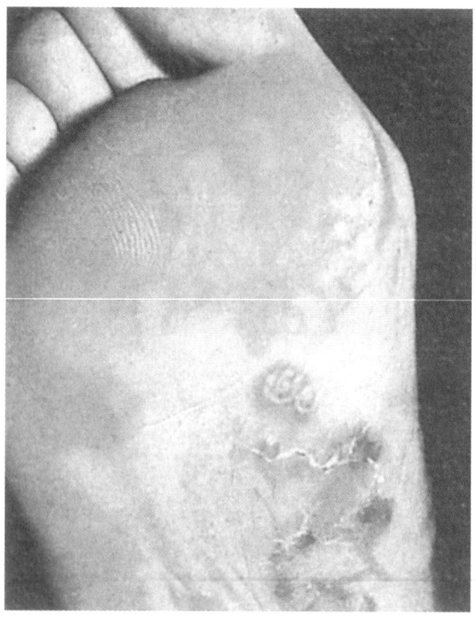

Name: Klasse: Datum:

Arbeitsblatt für Lernstation 10: Hautpilzerkrankungen

Aufgaben:

1. Welches sind die Ursachen und begünstigenden Faktoren von Hautpilzerkrankungen? Nenne mindestens drei Faktoren, damit ein Hautpilz entstehen kann!

2. An welchen Körperstellen können Hautpilzerkrankungen auftreten? Wo treten sie beim Menschen am häufigsten auf?

3. An welchen Symptomen kann man erkennen, dass man eine Hautpilzerkrankung hat?

4. Welches sind die Erreger von Hautpilzerkrankungen? Notiere und skizziere.

5. Weshalb müssen Hautpilzerkrankungen schnell und über eine längere Zeit behandelt werden?

6. Informiere dich über Medikamente zu Hautpilzerkrankungen, ihre Wirkungen und möglichen Nebenwirkungen. Stelle die Ergebnisse übersichtlich dar.

7. Entwirf ein Informationsblatt zum Thema „Hautpilze – Vorbeugen, Heilen“.

Name: Klasse: Datum:

Wahlstation A: Hautausschläge und Hautgeschwülste

Zielsetzungen:

Hautausschläge sind meist Begleiterscheinungen bestimmter Infektionskrankheiten, d.h., an einem Hautausschlag kann der Arzt oftmals bereits erkennen, um welche Krankheit es sich handelt. Auch Hautgeschwülste sind recht häufig.
An dieser Station sollen einige Hautausschläge und die zugehörigen Krankheiten kennen gelernt werden ebenso wie häufige Hautgeschwülste.

Medien/Material:

Biologiebücher, biologische und medizinische Fachliteratur, PC mit Internetzugang

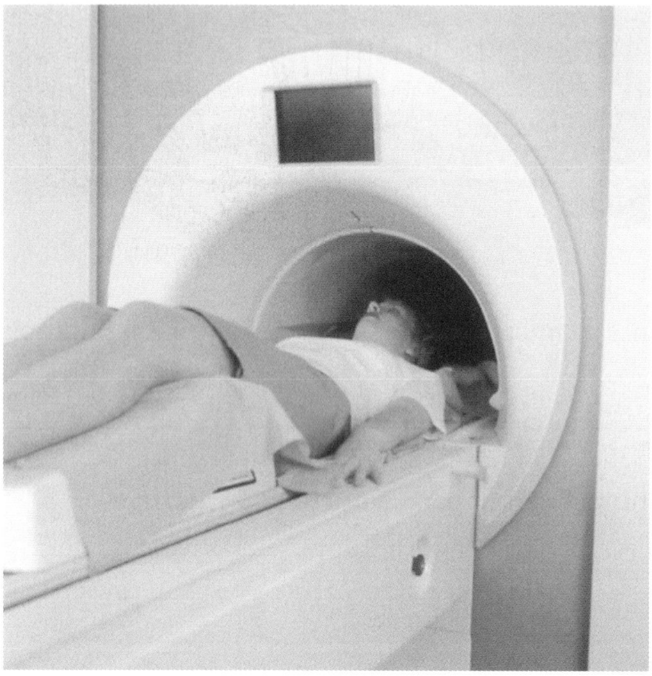

Name: Klasse: Datum:

Arbeitsblatt für Wahlstation A: Hautausschläge und Hautgeschwülste

Name: ______________________ Klasse: ______ Datum: __________

Aufgaben:

1. Viele Infektionserkrankungen bei Kindern sind mit bestimmten, oftmals charakteristischen Hautausschlägen verbunden. Informiere dich über typische Kinderkrankheiten und die ihnen zuzurechnenden Hautausschläge.
   Stelle die Ergebnisse in einer Tabelle dar.

2. Informiere dich über weitere Ursachen von Hautausschlägen. Berichte.

3. Was sind „Warzen“ und wie entstehen sie?

4. Was kann man bei lästigen Warzen tun? Berichte.

5. Plötzlich auftretende und sich schnell verändernde Hautgeschwülste müssen baldmöglichst vom Arzt untersucht werden. Begründe.

Wahlstation B: Fingerabdrücke als Steckbrief eines Menschen

Zielsetzungen:

Fingerabdrücke sind wie Steckbriefe eines Menschen. Dies soll an dieser „kriminaltechnischen Station“ erfahrbar werden.

Medien/Material:

Stempelkissen, Alkohol (70 %), Papiertücher zum Reinigen der Finger, Lupe

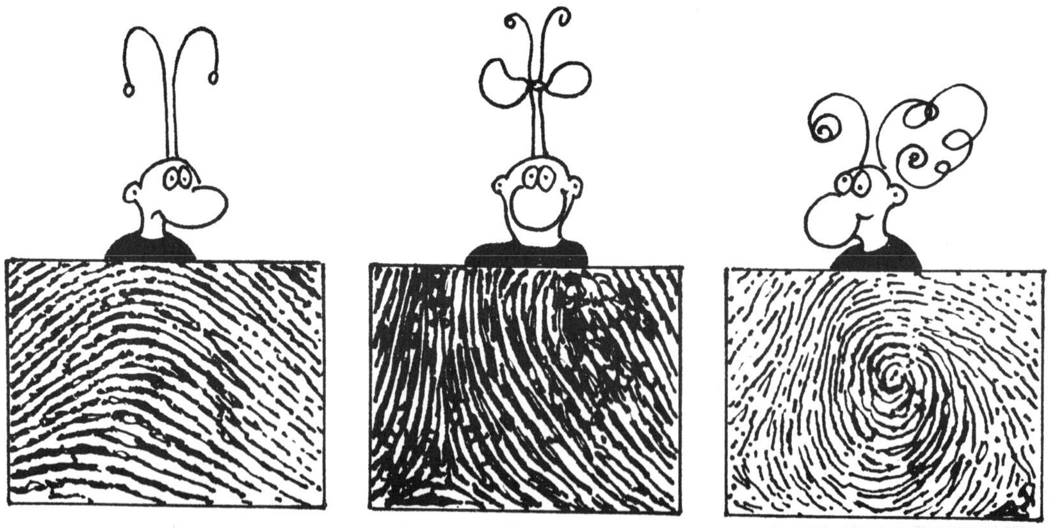

Bogen | Schleife | Wirbel

Name: Klasse: Datum:

Arbeitsblatt für Wahlstation B: Fingerabdrücke als Steckbrief eines Menschen

Name: ________________________________ Klasse: ______ Datum: __________

Aufgaben:

1. Fertige von den Fingern deiner linken oder rechten Hand einen Fingerabdruck an.

   Hinweise: Nimm nicht zu viel Stempelfarbe auf die Finger. Rolle die Finger jeweils vor dem eigentlichen Fingerabdruck leicht auf einem Papier (z. B. helle Fläche von Zeitungspapier oder Löschpapier) ab.

Daumen	Zeigefinger	Mittelfinger	Ringfinger	Kl. Finger

2. Vergleiche die Fingerabdrücke von zwei Fingern und berichte.

3. Nimm an einer glatten Fläche (z. B. Tür- oder Fenstergriff) mithilfe eines Tesa-Streifens Fingerabdruckspuren ab.

4. Vergleiche deine Fingerabdrücke mit denen anderer Mitschüler/innen. Ordne deine und die der anderen den Grundmustern zu.

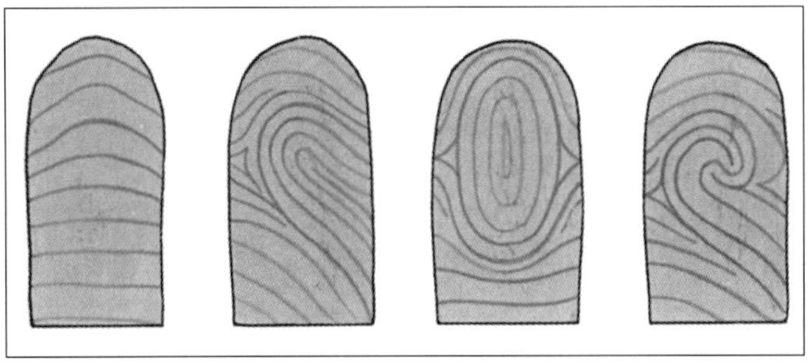

5. Informiere dich bei der Kripo über neuere Möglichkeiten der Spurensicherung.

6. Eine Aufgabe für Detektive
   Der „genetische Fingerabdruck" ist inzwischen in aller Munde. Was ist darunter zu verstehen? Berichte.

Wahlstation C. Wärmeregulation über die Haut

Zielsetzungen:

Die Haut spielt bei der Wärmeregulation unseres Körpers eine ganz entscheidende Rolle. An dieser Station soll dieser komplexe Sachverhalt durchschaubar werden.

Medien/Material:

Biologiebücher, medizinische und biologische Fachliteratur

Eisbaden im Winter

Name: Klasse: Datum:

Arbeitsblatt für Wahlstation C: Wärmeregulation über die Haut

Name: ______________________________ Klasse: ______ Datum: __________

Aufgaben:

1. Die Haut ist an der Temperaturregulation unseres Körpers ganz wesentlich beteiligt. Informiere dich über den Vorgang der Temperaturregulation und berichte.

2. Wenn wir längere Zeit im Kalten waren (z. B. beim Skifahren) und anschließend in die „warme Stube“ kommen, „glüht“ unsere Haut geradezu. Wie ist diese auffällige, meist nach wenigen Minuten bereits wieder verschwundene Hautrötung zu erklären?

3. Berühmte Bergsteiger haben nicht selten Erfrierungen davongetragen. An welchen Stellen treten am ehesten Erfrierungen auf und warum?

4. Trinkt man an einem heißen Tag ein kaltes Getränk, so treten mitunter plötzlich „Schweißperlen“ auf die Stirn. Wie ist das zu erklären?

5. Bei heißem Wetter in Mitteleuropa schwitzt man leicht, während man bei der gleichen Außentemperatur am Mittelmeer oder Atlantik meist kaum schwitzt. Wie ist dies zu erklären?

6. Normalerweise haben wir eine Körpertemperatur von 37 bis 37,5 °C, bei Fieber eine Körpertemperatur von über 38,5 °C. Wie ist das zu erkären und welche biologische Bedeutung hat „Fieber“?

Wahlstation D: Blindenschrift

Zielsetzungen:

Bestimmte Sinnesleistungen kann man bei entsprechender Ausdauer trainieren und sich so schulen. Dies müssen beispielsweise Blinde, wenn sie mit den Fingern lesen wollen. An dieser Station wird die Blindenschrift kennen gelernt und etwas eingeübt mit ihr umzugehen.

Medien/Material:

dicker, nicht zu spitzer Bleistift; dickes Papier bzw. dünner Karton; Lineal; Blindenalphabettafel (vgl. S. 11); Buch / Text in Blindenschrift, Seite 11, Station 1

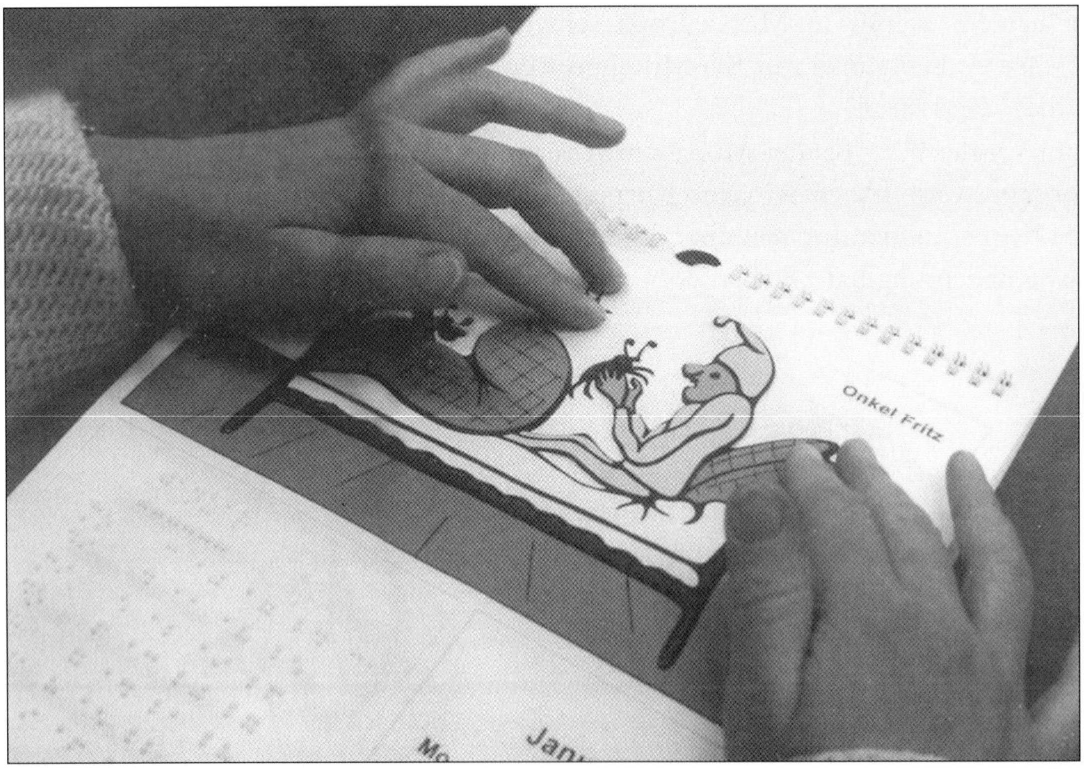

Name: Klasse: Datum:

Arbeitsblatt für Wahlstation D: Blindenschrift

Name: ______________________________ Klasse: _____ Datum: _________

Aufgaben:

1. Nimm das Blatt bzw. Buch mit Blindenschrift zur Hand und taste mit einer Fingerkuppe langsam einzelne Buchstaben oder Bilder ab. Zunächst mit offenen, anschließend mit geschlossenen Augen.
   Kannst du einzelne Buchstaben unterscheiden? Welche Beobachtungen macht du?

2. Welche Sinnesleistung der Haut wird bei der Blindenschrift ausgenutzt?

3. Miss die Abstände zwischen zwei direkt neben- oder untereinander liegenden Erhebungen auf dem Blindenalphabet. Berichte.

   Abstand der nächstgelegenen Punkte: _____ mm

4. Warum können zwei nebeneinander liegende Erhebungen für einen Buchstaben des Blindenalphabets als zwei Punkte wahrgenommen werden? Begründe, warum man einen Text in Blindenschrift nicht einfach wesentlich kleiner herstellen kann.

5. Wie viel Erhebungen stehen in der Blindenschrift für ein Schriftzeichen (z. B. Buchstabe, Zahl) maximal zur Verfügung?

   ____

   Zum Vergleich: – Bei der Morseschrift verwendet man ______ Zeichen.
   – Bei der Codierung der DNA (genetischer Code) sind es ______ Zeichen.

6. Schreibe einen kurzen Text (z. B. deinen Namen und Wohnort) in Blindenschrift. Beachte dabei auch die Abstände der Punkte.
   Benutze zum Herstellen des Blindenschrifttextes einen dicken Bleistift sowie dickes Papier bzw. dünnen Karton. Lass den Text von einer anderen Person, die den Text nicht sieht (z. B. Text unter einem Tuch), entziffern; das Blindenalphabet kann für die Entzifferung verwendet werden.

7. Informiere dich (z. B. im Internet oder in biologischen Fachbüchern) über die Ursachen von Blindheit beim Menschen. Berichte.

8. Mache dich kundig (z. B. im Internet) über Möglichkeiten, wie blinde Menschen ein möglichst selbstständiges Leben führen können. Zähle einige Möglichkeiten auf.

Wahlstation E: Wärmebilder der Haut

Zielsetzung:

Unsere Haut ist an verschiedenen Stellen unterschiedlich warm. Dies kann und soll an dieser Station mit einer Spezialfolie sichtbar gemacht werden.

Medien/Material:

Spezialfolie mit Gebrauchsinformation

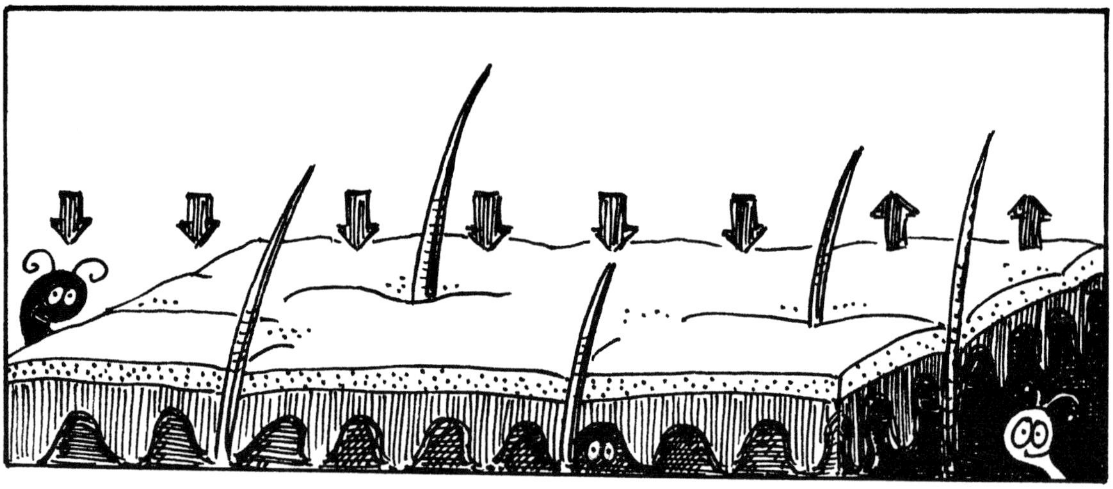

Arbeitsblatt für Wahlstation E: Wärmebilder der Haut

Name: ______________________________ Klasse: _____ Datum: __________

Aufgaben:

1. Lege eine Hand zunächst auf Eis, die andere auf die Heizung oder einen warmen Gegenstand.
   Lege anschließend beide Hände mit gespreizten Fingern nebeneinander auf die Spezialfolie.
   Werte die Farbwerte anhand der „Produktbeschreibung Thermofolie" aus und zeichne das Wärmebild einer Hand.

2. Prüfe, wie lange es dauert, bis beide Hände (s. o.) die gleiche Temperatur haben. Berichte.

3. Woran liegt es, dass unsere Haut an verschiedenen Körperstellen unterschiedlich warm ist? Welche biologische Bedeutung könnte das haben?

4. Im Sommer trägt man in Mitteleuropa eher helle Kleidung, im Winter eher Kleidung mit gedeckten oder dunklen Farben. Gibt es dafür eine biologisch-physikalische Begründung? Wenn ja, welche?

5. In Afrikas Wüstenregionen tragen die Einheimischen bestimmte Kleidung, die sich als geeignet erwiesen hat. Informiere dich darüber und berichte.

6. Bei großer Anstrengung oder Fieber rötet sich die Haut. Wenn man fröstelt, sieht man blass aus. Wie lässt sich das erklären?

Wahlstation F: Allergien und Haut

Zielsetzung:

Immer mehr Menschen in Europa leiden unter Allergien. Auch Hautallergien sind auf dem Vormarsch; an dieser Station sollen wichtige Ursachen derartiger Allergien bearbeitet und Lösungsmöglichkeiten gefunden werden, mit Allergien besser umzugehen oder diese zu verhindern.

Medien/Material:

Schulbücher, medizinische Fachliteratur,
Internet

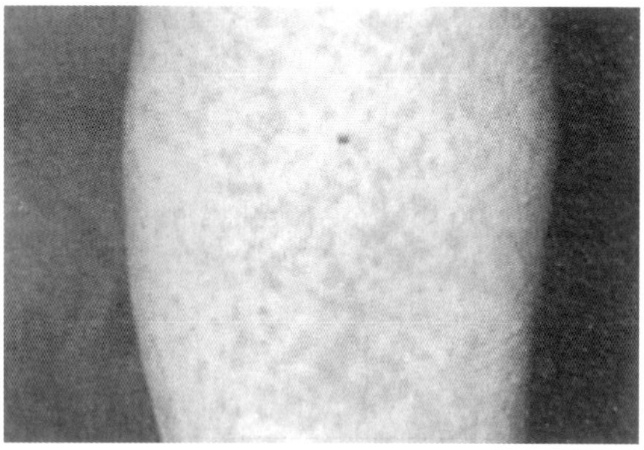

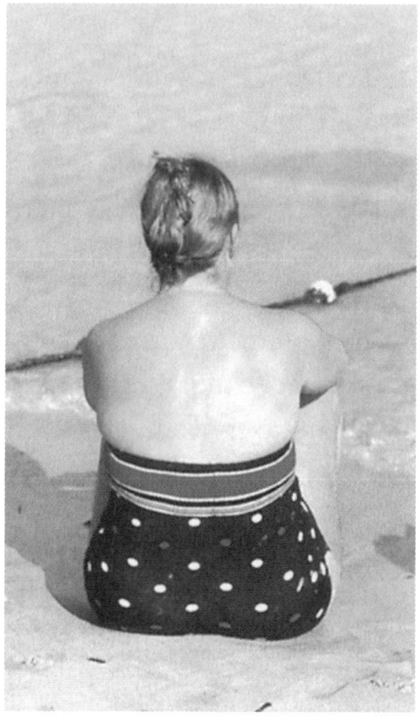

Arbeitsblatt für Wahlstation F: Allergien und Haut

Name: ______________________ Klasse: ______ Datum: __________

Aufgaben:

1. Informiere dich auch im Internet über mögliche Ursachen von Allergien. Stelle die Ergebnisse in einer Tabelle dar.
2. Was kann man unternehmen, um die Wirkungen einer bestimmten Allergie zu begrenzen? Nenne Beispiele.
3. „Neurodermitis" ist eine allergische Erkrankung, die zunehmend häufiger wird. Informiere dich über die Erkrankung und berichte.

Name der Allergie: ① Nickelallergie
② ______________________
③ ______________________
④ ______________________

Symptome: ① gerötete Haut
② ______________________
③ ______________________
④ ______________________

Tipps zur Vorbeugung: ① Vorsicht mit Modeschmuck und Jeansknöpfen
② ______________________
③ ______________________
④ ______________________

Wahlstation G: Rezeptur für eine Hauptpflegecreme

Zielsetzungen:

Unsere Haut bedarf der regelmäßigen Pflege. Pflegecremes unterstützen die Hautfunktionen, sind meist gar nicht teuer und können sogar selbst hergestellt werden. Dies soll an dieser Station geschehen.

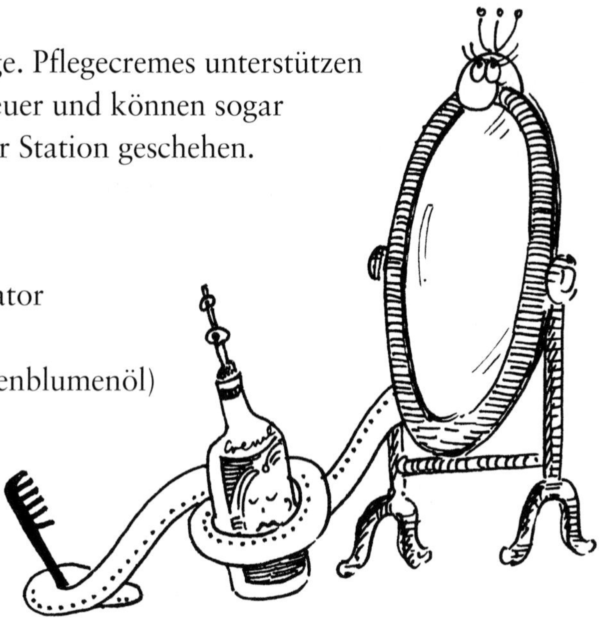

Medien/Material:

- aus der Drogerie bzw. Apotheke: Emulgator (z. B. Emulsan, Lanette N); Pflanzenöl (z. B. Distelöl, Mandelöl, Jojobaöl, Sonnenblumenöl) oder Walratersatz oder Backfett (z. B. Biskin, Palmin); Parfüm-Öl (z. B. Jasminöl, Rosenöl)
- Kochtopf (1 Liter) oder Becherglas (500 ml), 3 Bechergläser (à 100 ml), Kochplatte oder Campingkocher
- elektrische Schnellwaage; Glasstab; Thermometer (bis +100 °C)
- leere Cremedose

Durchführung:

Wiege ca. 20 bis 25 Gramm Pflanzenöl bzw. Fett ab (Becherglas 1) und halte es bereit. Gib nun 10 Gramm Emulgator in das Becherglas 2 und erwärme es auf ca. 70 °C im Wasserbad (Kochtopf oder Becherglas mit etwas Wasser), bis eine klare Flüssigkeit entstanden ist. Gib nun das Pflanzenöl aus Becherglas 1 in mehreren Portionen vorsichtig und unter Umrühren mit dem Glasstab in den Emulgator von Becherglas 2. Erwärme die Mischung im Wasserbad so lange, bis die Substanzen gut miteinander vermischt sind.
Erwärme nun ca. 60 ml Trinkwasser (Becherglas 3) auf etwa 60 °C. Gib unter ständigem Umrühren das heiße Wasser in kleinen Portionen zur Mischung von Becherglas 2.
Das Becherglas 2 kann aus dem Wasserbad genommen werden, wenn eine homogene (einheitliche) flüssige Masse entstanden ist.
Je nach Belieben können nun noch 1 bis 2 Tropfen Parfüm-Öl untergerührt werden.
Gib nun die Masse aus Becherglas 2 in eine leere Cremedose. Rühre mit dem Glasstab so lange um, bis die Crememasse erkaltet ist (ca. 25 °C).

Hinweise: Da diese selbst hergestellte Hautpflegecreme keinerlei Konservierungsstoffe enthält, sollte sie nach zwei bis drei Wochen aufgebraucht sein. Sonst besteht die Gefahr, dass sich mitunter gefährliche Schimmelpilze auf der Creme ansiedeln.

Name: Klasse: Datum:

Arbeitsblatt für Wahlstation G: Rezeptur für eine Hautpflegecreme

Name: ______________________________ Klasse: ______ Datum: __________

Aufgaben:

1. Trage eine kleine Menge der selbst hergestellten Creme auf die Hand auf und verreibe die Cremeportion. Was empfindest du?

2. Welche Bedeutung hat der Emulgator bei der Cremeherstellung?

3. Worin liegen die Hauptaufgaben einer Hautcreme? Nenne mindestens zwei Aufgaben.

3. Welche Vor- und Nachteile hat eine Pflegecreme und auch ein Gesichtswasser? Halte die Ergebnisse in einer Tabelle fest.

4. Informiere dich über die Zusammensetzung verschiedener Hautcremes und vergleiche die Bestandteile. Welche Bestandteilgruppen sind in allen käuflichen Cremes enthalten?
   Halte die Ergebnisse in einer Tabelle fest.

5. Weshalb kann man käufliche Cremes mitunter jahrelang aufbewahren, ohne dass sie „verschimmeln"? Erkläre.

6. „Für jede Haut die richtige Creme!" Begründe, was hinter dieser Aussage steckt.

7. Hautärzte empfehlen, nicht zu häufig zu duschen oder zu baden. Zudem sollte statt Seife ein mildes, hautfreundliches Dusch- oder Badegel verwendet werden.
   Begründe.

Bildnachweis

Seite 16 o
IMPK der Frauenhofer Gesellschaft

Seite 16 u
Bildagentur Mauritius
Mühlenweg 18, 82481 Mittenwald

Seite 18 o
Circus Barum

Seite 40
Deutsche Zentralbücherei für Blinde zu Leipzig

MEV Verlag
Titelfoto, 2 x S. 15, je 1 x S. 18, 21, 23, 24, 27, 34, 42

Auer Archiv
Seite 11, 21, 29, 31, 32, 35, 37, 38, 40, 44